CHATONS

Direction de la publication
Isabelle Jeuge-Maynart et Ghislaine Stora

Direction éditoriale
Catherine Delprat

Coordination éditoriale
Clémence Thomas

Correction
Chantal Pagès

Direction Artistique
Emmanuel Chaspoul

Conception graphique
Emmanuel Chaspoul
et Jacqueline Gensollen-Bloch

Mise en pages
Jacqueline Gensollen-Bloch

Couverture
Anna Bardon

Fabrication
Annie Botrel

ISBN : 978-2-03-587203-6

Pour les Éditions Larousse, le principe est d'utiliser des papiers composés de fibres naturelles, renouvelables, recyclables et fabriquées à partir de bois issus de forêts qui adoptent un système d'aménagement durable. En outre, les Éditions Larousse attendent de leurs fournisseurs de papier qu'ils s'inscrivent dans une démarche de certification environnementale reconnue.

CHATONS

LAROUSSE

21 rue du Montparnasse 75283 Paris Cedex 06

À la maison

« Accroupi chaudement aux temps noirs de décembre
Devant le feu qui flambe, ardent comme un enfer,
Pense-t-il aux souris dont il purge ma chambre
Avec ses crocs de nacre et ses ongles de fer ?
Non ! Assis devant l'âtre aux temps noirs de décembre

Entre les vieux chenets qui figurent deux nonnes
À la face bizarre, aux tétons monstrueux,
Il songe à l'angora, mignonne, des mignonnes
Qu'il voudrait bien avoir, le beau voluptueux,
Entre les vieux chenets qui figurent deux nonnes. »

Maurice Rollinat,
Les Névroses, Le chat (extrait), 1883.

« Si vous êtes digne de son affection, un chat deviendra votre ami mais jamais votre esclave. »
Théophile Gautier

« Il se fait le compagnon de vos heures de solitude, de mélancolie et de travail. »

Théophile Gautier

« Quelquefois il s'assied sans faire de tapage, on dirait un joli presse-papiers vivant. »

EDMOND ROSTAND

Les amoureux fervents et les savants austères
Aiment également, dans leur mûre saison,
Les chats puissants et doux, orgueil de la maison,
Qui comme eux sont frileux et comme eux sédentaires.

Amis de la science et de la volupté,
Ils cherchent le silence et l'horreur des ténèbres ;
L'Érèbe les eût pris pour ses coursiers funèbres,
S'ils pouvaient au servage incliner leur fierté.

Ils prennent en songeant les nobles attitudes
Des grands sphinx allongés au fond des solitudes,
Qui semblent s'endormir dans un rêve sans fin ;

Leurs reins féconds sont pleins d'étincelles magiques
Et des parcelles d'or, ainsi qu'un sable fin,
Étoilent vaguement leurs prunelles mystiques.

Charles Baudelaire,
Les Fleurs du mal, Les chats, 1857.

« Ceux qui jouent avec des chats doivent s'attendre à être griffés. »
Miguel de Cervantès

Chatons, chatons dans tous les coins,
Chatons mâchonnant mes lorgnons,
Chatons griffant mes pantalons,
Chatons partout sous les coussins,
Un chaton derrière, un chaton devant…
Comment seront-ils donc, quand ils seront grands ?

Chatons qui bataillent en tout lieu,
Chatons qui roulent le long des escaliers,
Un chaton sur ma tête,
Un chaton sur la galette,
Un chaton dans mon soulier…
Je ne peux pas le croire : ils ne sont que deux !

WILLIAM WORDSWORTH,
IRREGULAR VERSES ADDRESSED TO A CHILD, 1832.
TRADUCTION CLARA MOUCHE.

« On ne choisit pas un chat, c'est lui qui vous choisit. »

Jacques Laurent

Mon chat, hôte sacré de ma vieille maison,
De ton dos électrique arrondis la souplesse,
Viens te pelotonner sur mes genoux, et laisse
Que je plonge mes doigts dans ta chaude toison.

Ferme à demi, les reins émus d'un long frisson,
Ton œil vert qui me raille et pourtant me caresse,
Ton œil vert semé d'or, qui, chargé de paresse,
M'observe d'ironiques et bénignes façons.

Tu n'as jamais connu, philosophe, ô vieux frère,
La fidélité sotte et bruyante du chien :
Tu m'aimes cependant, et mon cœur le sent bien.

Ton amour clairvoyant, et peut-être éphémère,
Me plaît, et je salue en toi, calme penseur,
Deux exquises vertus : scepticisme et douceur.

JULES LEMAITRE,
LES MÉDAILLONS, À MON CHAT, 1896.

« Les chats appartiennent à une espèce mystérieuse. Leur esprit est traversé par beaucoup plus de choses que nous ne l'imaginons. »

Sir Walter Scott

« Panthère du foyer, tigre en miniature,
Tu me plais par ton vague et ton aménité,
Et je suis ton ami, car nulle créature
N'a compris mieux que toi ma sombre étrangeté,
Panthère du foyer, tigre en miniature. »

Maurice Rollinat,
Les Névroses, Le chat (extrait), 1883.

« Le chat a trop d'esprit pour ne pas avoir de cœur. »

Ernest Menault

« J'aime les chats
parce que j'aime ma maison
et qu'ils en deviennent,
peu à peu, l'âme invisible. »

Jean Cocteau

« Il y a deux moyens d'oublier les tracas de la vie : la musique et les chats. »

ALBERT SCHWEITZER

« Rien n'est plus doux,
rien ne donne à la peau une sensation
plus délicate, plus raffinée, plus rare que
la robe tiède et vibrante d'un chat. »

Guy de Maupassant

« De toutes les créatures de Dieu, il n'y en a qu'une qu'on ne mène pas à la baguette : c'est le chat ! »

Mark Twain

« Quand je joue avec mon chat, qui sait s'il ne s'amuse pas plus de moi que je ne le fais de lui ? »

Michel de Montaigne

« Tout chat est chat de la moustache à la queue,
du frémissement à la souris vivante, du fond de la nuit à ses yeux d'or. »

Pablo Neruda

L'élégance regarda la femme et après l'avoir adorée
Voulut la surpasser.
Elle y parvint en prenant lignes, chevelure
Et yeux de verre, en devenant chat, l'être le plus beau.

Guillaume d'Aquitaine, dit le Troubadour,
Devenir chat, XIIe siècle.
Traduction Béatrice Mandopoulos.

« Dans un incendie, entre un Rembrandt et un chat, je sauverais le chat. »

Alberto Giacometti

« Si l'on pouvait croiser l'homme et le chat, ça améliorerait l'homme mais ça dégraderait le chat. »

Mark Twain

« Il n'est si petit chat qui n'égratigne. »

Proverbe français

Les petits ont deux mois ; fourrés comme des ours,
Lustrés comme des loirs, ils sont bien de leur race.
Juin flambe en eux, jamais leur souplesse n'est lasse ;
Il faut à leurs ébats les seize heures des jours.

Dressant leurs reins arqués sur leurs pieds de velours
Ils s'affrontent ; soudain, l'un à l'autre s'enlace ;
Ils roulent ; tous leurs jeux sont des assauts de grâce ;
Auprès d'eux les chevreuils bondissants semblent lourds.

La grâce en les enfants, la beauté dans les roses,
La nature impuissante en ses métamorphoses,
N'a que deux fois produit le chef-d'œuvre parfait.

Hors d'elle, l'art vagit empêtré dans ses langes.
Qu'a fait l'orgueil humain ? les peintres, qu'ont-ils fait ?
Corrège, des amours, et Raphaël, des anges !

Hippolyte Taine,
À *trois chats*, *douze sonnets*, L'Ange, 1883.

Matins frileux !
Le temps se vêt de brumes ;
Le vent retrousse, au cou des pigeons bleus
Les plumes…

L'air est rugueux et cru
Un chat près du foyer se pelotonne ;
Et tout à coup, au coin du bois résonne,
Monotone et discord
L'appel tintamarrant des cors
D'automne.

ÉMILE VERHAEREN,
TOUTE LA FLANDRE, AUTOMNE, 1904-1911.

« Le chat pourrait très bien être le meilleur ami de l'homme, mais il ne daignerait jamais le reconnaître. »

Doug Larson

« Le chat ne nous caresse pas,
il se caresse à nous. »

ANTOINE DE RIVAROL

Il siège au coin du feu, les paupières mi-closes,
Aspirant la chaleur du brasier qui s'éteint ;
La bouilloire bouillonne avec des bruits d'étain ;
Le bois flambe, noircit, s'effile en charbons roses.

Le royal exilé prend de sublimes poses ;
Il allonge son nez sur ses pieds de satin ;
Il s'endort, il échappe au stupide destin,
À l'irrémédiable écroulement des choses.

Les siècles en son cœur ont épaissi leur nuit,
Mais au fond de son cœur, inextinguible, luit
Comme un flambeau sacré, son rêve héréditaire :

Un soir d'or, le déclin empourpré du soleil,
De fûts noirs de palmiers sur l'horizon vermeil,
Un grand fleuve qui roule entre deux murs de terre.

Hippolyte Taine,
À trois chats, douze sonnets,
Les souvenirs d'un chat, 1883.

À l'aventure

« Longue oreille, des crocs intacts, des vrais ivoires,
Le corps svelte quoique râblu,
Son beau pelage court et gris à barres noires
Lui faisant un maillot velu ;

Des yeux émeraudés, vieil or, mouillant leur flamme
Qui, doux énigmatiquement,
Donnent à son minois le mièvre et le charmant,
D'un joli visage de femme.

Avec cela rôdeur des gouttières, très brave,
Fort et subtil, tel est ce chat,
Pratiquant à loisir le bond et l'entrechat,
Au grenier comme dans la cave. »

Maurice Rollinat,
Les Bêtes, Étude de chat (extrait), 1911.

« J'aime dans le chat cette indifférence avec laquelle
il passe des salons à ses gouttières natales. »

François René de Chateaubriand

Est-il sur un arbre ou dans un creux de roche ?
C'est drôle, ce cri qui part on ne sait d'où !
Et puis, cet horrible et triste miaou
Tantôt vient de loin et tantôt se rapproche.

En vain je regarde ! En vain ma canne embroche
Les buissons, et rôde au fond de chaque trou !
Est-il sur un arbre ou dans un creux de roche ?
C'est drôle, ce cri qui part on ne sait d'où !

Il miaule encor : diable ! je me reproche
D'avoir affronté ce maudit casse-cou.
La nuit tombe avec un coassement fou ;
Mais toujours la plainte introuvable m'accroche :
Est-il sur un arbre ou dans un creux de roche ?

Maurice Rollinat,
Dans les brandes, Le chat-huant, 1877.

« Il n'est plus intrépide explorateur qu'un chaton. »

Jules Champfleury

« Le chat est d'une honnêteté absolue : les êtres humains cachent, pour une raison ou une autre, leurs sentiments. Les chats non. »

Ernest Hemingway

Viens, mon beau chat, sur mon cœur amoureux ;
Retiens les griffes de ta patte,
Et laisse-moi plonger dans tes beaux yeux,
Mêlés de métal et d'agate.

Lorsque mes doigts caressent à loisir
Ta tête et ton dos élastique,
Et que ma main s'enivre du plaisir
De palper ton corps électrique,

Je vois ma femme en esprit. Son regard,
Comme le tien, aimable bête,
Profond et froid, coupe et fend comme un dard,

Et des pieds jusques à la tête,
Un air subtil, un dangereux parfum,
Nagent autour de ton corps brun.

Charles Baudelaire,
Les Fleurs du mal, Le chat, 1857.

« Il est le tigre du Bengale et le prince
des maraudeurs, sa moquerie est sans égale :
ce chat-là est un chapardeur. »

Henri Monnier, *Les Poèmes du chat noir,*
Le chat noir de la palissade (extrait), 1881-1886.

« Il mène sa vie à sa guise,
Ne faisant que ce qui lui plaît,
Il se complaît dans des bêtises
Qui ne valent pas un couplet. »

Henri Monnier,
Les Poèmes du chat noir,
Le chat noir de la palissade (extrait),
1881-1886.

« Lentement tu venais de ton pas de velours devant moi t'allonger en quelque noble pose. »

Jules Laforgue

Cette voix, qui perle et qui filtre
Dans mon fond le plus ténébreux,
Me remplit comme un vers nombreux
Et me réjouit comme un philtre.

Elle endort les plus cruels maux
Et contient toutes les extases ;
Pour dire les plus longues phrases,
Elle n'a pas besoin de mots.

Non, il n'est pas d'archet qui morde
Sur mon cœur, parfait instrument,
Et fasse plus royalement
Chanter sa plus vibrante corde,

Que ta voix, chat mystérieux,
Chat séraphique, chat étrange,
En qui tout est, comme en un ange,
Aussi subtil qu'harmonieux.

Charles Baudelaire,
Les Fleurs du mal, Le chat I, 1857.

« Un chat viendra si vous l'appelez, s'il n'a rien de mieux à faire. »

Bill Adler

« On ne connaît pas un chat tant qu'on ne lui a marché sur la queue. »

PROVERBE BRETON

Chatte blanche, chatte sans taches,
Je te demande, dans ces vers,
Quel secret dort dans tes yeux verts,
Quel sarcasme sous ta moustache.

Tu nous lorgnes, pensant tout bas
Que nos fronts pâles, que nos lèvres
Déteintes en de folles fièvres,
Que nos yeux ne valent pas

Ton museau que ton nez termine,
Rose comme un bouton de sein,
Tes oreilles dont le dessin
Couronne fièrement ta mine.

Pourquoi cette sérénité ?
Aurais-tu la clé des problèmes
Qui nous font frissonnants et blêmes,
Passer le printemps et l'été ?

Devant la mort qui nous menace,
Chats et gens, ton flair, plus subtil
Que notre savoir, te dit-il
Où va la beauté qui s'efface,

Où va la pensée, où s'en vont
Les défuntes splendeurs charnelles ?
Chatte, détourne tes prunelles ;
J'y trouve trop de noir au fond.

CHARLES CROS,
LE COFFRET DE SANTAL, À UNE CHATTE BLANCHE, 1873.

« Tous les moineaux périraient
si le chat avait des ailes. »

Proverbe danois

« Chaque fois que je vois un chat au soleil, je pense à l'humanité. »

FERNANDO PESSOA

« Il est chat, donc libre. »

Gilbert Bordes

« La fierté est l'âme du chat. Jamais son regard ne consent. Ses passions se nimbent de mystère. »

Constantin Cavafy

« Le chat noir de la palissade
Promène son museau partout,
C'est un pirate en ambassade,
Le chat noir qui s'en vient chez nous.
Dans le jardin ou sur le toit,
En mille et une escapades
De tous côtés, il est le roi. »

Henri Monnier,
Les Poèmes du chat noir,
Le chat noir de la palissade (extrait),
1881-1886.

« Je crois que les chats sont des esprits venus sur Terre.
Un chat, j'en suis convaincu, pourrait marcher sur un nuage. »

JULES VERNE

Il chasse la souris et câline l'enfant
si l'enfant n'est pas trop importun.
Mais quand l'enfant dort et que la lune sort,
Lui aussi il sort.
Il est le chat qui s'en va seul.
Il est le chat qui s'en va çà et là,
dans les bois mouillés de la nuit,
sur les arbres mouillés de la nuit,
le long des toits mouillés de la nuit.
Il balance sa queue et conquiert l'ombre, solitaire.

Rudyard Kipling,
Just so Stories, Le chat qui s'en va seul, 1902.
Traduction de Clara Mouche.

« Les chats sont les vagabonds des nuits,
des princes de velours aux âmes mystérieuses. »
Pierre Bottero

« Un chaton est le bouton de rose du règne animal. »

Robert Southey

« Il est difficile d'obtenir l'amitié d'un chat C'est un animal philosophe…
De ceux qui ne donnent pas leur affection sans y penser. »

Théophile Gautier

« Dieu a inventé le chat pour que l'homme ait un tigre à caresser chez lui. »

Victor Hugo

« De tous les animaux, seul le chat atteint une vie contemplative. »

Andrew Lang

Aux becs de gaz éteints, la nuit, en la maison,
Ils prolongent souvent des plaintes éternelles ;
Et sans que nous puissions dans leurs glauques prunelles
En sonder la sinistre et mystique raison.

Parfois, leur dos aussi secoue un long frisson ;
Leur poil vif se hérisse à des jets d'étincelles
Vers les minuits affreux d'horloges solennelles
Qu'ils écoutent sonner de bizarres façons.

Émile Nelligan,
Poésies complètes, Les chats, 1903.

« Vivre avec un chat c'est comme vivre
en permanence au milieu de belles choses. »
Félicien Marceau

Heure très belle et très fine
Où le soleil non pareil
Qui décline
Promène sur le mur de longues tresses d'or !
Oh regarde ! Sur le gazon
Devant la maison

Le chat gris à la queue rayée,
Qui, charmant tigre domestique,
Lève une patte
Délicate
Et joue avec un moustique.

Louis Codet, *Poèmes et chansons*,
Chanson du chat gris, 1926.

« Il n'y a pas de chat ordinaire. »

Colette

« L'idéal du calme est dans un chat assis. »

JULES RENARD

Le chat allait çà et là.
Et la lune tournoyait.
Parent de la lune,
Le chat furtif leva les yeux.
Noir Minnaloushe regarde la lune,
Car, errant et chantant comme il est,
La pure lumière froide, là-haut,
Trouble son sang animal.
Minnaloushe avance dans l'herbe
En levant ses pieds délicats.
Danses-tu, Minnaloushe, danses-tu ?

WILLIAM BUTLER YEATS,
THE WILD SWANS AT COOLE, LE CHAT ET LA LUNE, 1919.
TRADUCTION CLARA MOUCHE.

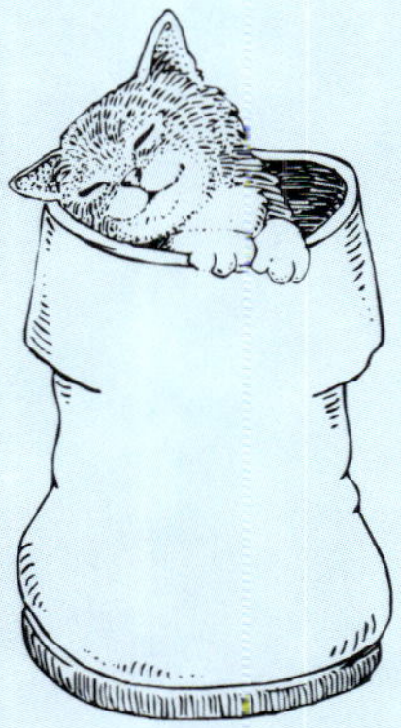

Au bonheur des chats

Tout d'abord, de son nez délicat il le flaire.
Le frôle ; puis, à coups de langue très petits,
Il le lampe, et dès lors il est à son affaire ;
Et l'on entend, pendant qu'il boit, un clapotis.

Il boit, bougeant la queue, et sans faire une pause,
Et ne relève enfin son joli museau plat
Que lorsqu'il a passé sa langue rêche et rose
Partout, bien proprement débarbouillé le plat.

Alors, il se pourlèche un moment les moustaches
Avec l'air étonné d'avoir déjà fini ;
Et, comme il s'aperçoit qu'il s'est
fait quelques taches,
Il relustre avec soin son pelage terni.

Ses yeux jaunes et bleus sont comme deux agates ;
Il les ferme à demi, parfois, en reniflant,
Se renverse, ayant pris son
museau dans ses pattes,
Avec des airs de tigre étendu sur le flanc.

Edmond Rostand,
Les Musardines, Le petit chat, 1911.

« Les chats suivent le principe selon lequel on ne blesse personne à demander ce que l'on veut. »

Joseph Wood Krutch

« Quand il mouille sa patte avec sa langue rose
Pour lustrer son poitrail et son minois si doux,
Il me cligne de l'œil en faisant une pause,
Et je voudrais toujours l'avoir sur mes genoux
Quand il mouille sa patte avec sa langue rose. »

Maurice Rollinat,
Les Névroses, Le chat (extrait), 1883.

« Les chats sont des êtres faits pour emmagasiner la caresse. »

Stéphane Mallarmé

« Quand je réveille mon chat, il a l'air reconnaissant
de celui à qui l'on donne l'occasion de se rendormir. »

Yvan Audouard

« Les rêves d'un chat sont peuplés de souris. »

Proverbe libanais

« Je suis le chat qui se prélasse à l'instant où le soleil passe, dans vos jardins et dans vos cours sans avoir patte de velours. »

Henri Monnier,
Les Poèmes du chat noir,
On les a fait venir (extrait),
1881-1886.

« Le ronronnement est le sourire du chat. »

Hector Bianciotti

« On ne possède pas un chat, c'est lui qui vous possède. »

Françoise Giroud

Il tète avec avidité
Et se cogne au sein qu'il enlace.
Puis lorsque sa nourrice est lasse,
Il dort sur son ventre ouaté.

Pour le minet doux et futé
C'est un lit que rien ne remplace.
Il tète avec avidité
Et se cogne au sein qu'il enlace

Quand il s'est bien lissé, gratté,
Pris la queue et vu dans la glace,
Après ses tournements sur place,
Et ses petits sauts de côté,
Il tète avec avidité.

Maurice Rollinat,
Dans les brandes, Le minet, 1877.

« Le bonheur c'est comme un chat, si vous essayez de le cajoler,
il vous fuit ; si vous ne vous occupez pas de lui,
il vient se frotter contre vos jambes et saute sur vos genoux. »

Robertson Davies

« Ma raison glisse sur son indifférence, ses yeux sont en chiffres d'or. »

PABLO NERUDA

Des cils roides et longs, antennes hérissées,
Font sentinelle autour de son nez frémissant ;
Et le plus léger bruit qui le frôle en passant
Élargit sur son front ses oreilles dressées.

Quand la nuit a brouillé les formes effacées,
Il voit ; le monde noir à son regard perçant
Ouvre ses profondeurs ; il distingue, il pressent ;
Ses sens plus acérés aiguisent ses pensées.

Des craquements de feu courent sur son poil roux ;
Tout le long de sa moelle un tressaillement doux
Conduit l'émotion en son âme inquiète.

Les poils de son museau vibrent à l'unisson,
Et sa queue éloquente a le divin frisson,
Comme une lyre d'or aux mains d'un grand poète.

Hippolyte Taine,
À *trois chats, douze sonnets*,
La sensibilité, 1883.

« Profondément, nous sommes tous motivés par les mêmes impulsions. Les chats ont le courage de les assumer. »

Jim Davis

Les chats trempent leur langue rose
Au bord des soucoupes de lait ;
Les yeux fixés sur le soufflet,
Le chien bâille en songeant, morose.

Et tandis qu'il songe et repose
Près de la flamme au chaud reflet,
Les chats trempent leur langue rose
Au bord des soucoupes de lait.

Dans le salon, seul le feu glose ;
Mère-grand dit son chapelet,
Suzanne dort sur un ourlet,
Et dans le lait, paupière close,
Les chats trempent leur langue rose.

CHARLES GUÉRIN,
JOIES GRISES, LE LAIT DES CHATS, 1894.

« Le chat est un dilettante en fourrure. »

Théophile Gautier

Sur la marche tiède un chat dort en boule.
Un frelon se cogne aux vitres ternies,
Où la vigne vierge et les araignées
Ne laissent passer que l'ombre des nuits.

Georges Chennevière,
La Légende du roi d'un jour, La maison, 1927.

« Les chats, quand ils rêvent, c'est tout leur corps qui chasse. »

Claudie Gallay

Dors, mignon chat blanc, dors,
Reste à ronronner, reste couché,
Et ferme un peu tes yeux semés d'or ;
Les souris montrent leur nez aux trous du plancher.

Dors, mignon chat blanc, mignon chat gris,
Avec ton ruban de soie au cou ;
Les souris vont venir, les jolies souris
Que tu griffes à petits coups.

Elles vont s'attabler autour
De la bonne assiette au gâteau :
Dors, mignon chat blanc à pattes de velours,
Et ne t'éveille pas trop tôt.

Tristan Klingsor,
Le Valet de cœur, Le chat dort (berceuse), 1908.

« Qui pourra jamais croire qu'aucune âme ne se cache derrière ces yeux pleins de mystère. »

Théophile Gautier

« Les chats bâillent parce qu'ils se rendent compte qu'il n'y a rien à faire. »

JACK KEROUAC

« Je me tourne, ô beau chat, vers tes prunelles sacrées et il me semble que j'ai devant moi deux étoiles. »

Le Tasse

De sa fourrure blonde et brune
Sort un parfum si doux, qu'un soir
J'en fus embaumé, pour l'avoir
Caressée une fois, rien qu'une.

C'est l'esprit familier du lieu ;
Il juge, il préside, il inspire
Toutes choses dans son empire ;
Peut-être est-il fée, est-il dieu.
Quand mes yeux vers ce chat que j'aime,
Tirés comme par un aimant,
Se retournent docilement
Et que je regarde en moi-même,

Je vois avec étonnement
Le feu de ses prunelles pâles,
Clairs fanaux, vivantes opales,
Qui me contemplent fixement.

Charles Baudelaire,
Les fleurs du mal, Le chat II, 1857.

« Les chiens ont des maîtres, les chats ont des serviteurs. »

Dave Barry

« Ses yeux jaunes laissent une fente où jeter la monnaie de la nuit. »

Pablo Neruda

« Question confort, les chats sont de fins connaisseurs. »

James Herriot

« Chaque chat est un chef-d'œuvre. »

Léonard de Vinci

À l'œuvre maintenant ! Toilette et gratterie
L'absorbent tout entier. Le chat,
Si propre tel qu'il est, si bien peigné déjà,
Se lisse avec coquetterie.

Que par hasard un poil se colle sur sa langue,
Pour l'avaler, le miauleur
Grimace en mâchonnant, fait comme un beau parleur
Qui s'empêtre dans sa harangue.

À piochement de tête onduleux, brusque et drôle,
Il se râpe le bas du cou ;
Des griffes et des dents il insiste beaucoup
Aux démangeaisons de l'épaule.

Son opération, d'un arrêt s'entrecoupe :
Il tend son regard et son flair,
Et le col et les reins en arc, et la cuisse en l'air,
Lèche les abords de sa croupe.

Sans voir ce que la pluie en tapotant gribouille
Sur la crasse de son carreau,
Il humecte longtemps le caoutchouc noiraud
De sa patte, et se débarbouille.

[…]

Mais la pluie a cessé. Quelqu'un entre soudain.
Le matou sort d'un bond, gagne cour et jardin,
Et bientôt on le voit marchant à pas tranquilles
Au long du vieux chenal, sur la mousse des tuiles.

Maurice Rollinat, *Les Bêtes*, La toilette du chat, 1911.

« L'homme se plaint-il de vivre ! N'a-t-il pas des mains pour caresser la fourrure des chats ! »

Théophile Gautier

« Les chats sont malins et conscients de l'être. »

Tomi Ungerer

« Le chat semble mettre un point d'honneur à ne servir à rien. »

Michel Tournier

Petit museau, petites dents,
Yeux qui n'étaient point trop ardents,
Mais desquels la prunelle perse
Imitait la couleur diverse
Qu'on voit en cet arc pluvieux
Qui se courbe au travers des cieux ;
La tête à la taille pareille,
Le col grasset, courte l'oreille,
Et dessous un nez ébénin,
Un petit mufle léonin,
Autour duquel était plantée
Une barbelette argentée
Armant d'un petit poil follet
Son musequin damoiselet ;
La gorge douillette et mignonne,
La queue longue à la guenonne,
Mouchetée diversement
D'un naturel bigarrement :
Tel fut Belaud, la gente bête
Qui des pieds jusques à la tête,
De telle beauté fut pourvu,
Que son pareil on n'a point vu.

JOACHIM DU BELLAY,
DIVERS JEUX RUSTIQUES, *ÉPITAPHE D'UN CHAT*, 1558.

Crédits photographiques

Première de couverture : © coll. Hemera/Thinkstock

Quatrième de couverture : © coll. iStockphoto/Thinkstock (g), © Biosphoto/Bruno Mathieu (m), ©Labat/Rouquette/Arioko (d).

Pages 4-5 : © coll. iStockphoto/Thinkstock ; page 7 : © J.-L. Klein et M.-L. Hubert ; page 8 : © J.-L. Klein et M.-L. Hubert ; page 9 : © J.-L. Klein et M.-L. Hubert ; page 10 : © coll. iStockphoto/Thinkstock ; page 11 : © coll. iStockphoto/Thinkstock ; page 12 : © J.-L. Klein et M.-L. Hubert ; page 13 : © Biosphoto/Akira Matoba/Oasis ; page 14 : © J.-L. Klein et M.-L. Hubert ; page 15 : © J.-L. Klein et M.-L. Hubert ; page 16 : © Biosphoto/Akira Matoba/Oasis ; page 18 : © Biosphoto/Andreas Rose/Imagebroker ; page 19 : © Biosphoto/Arco Images/Wegner Petra/Imagebroker ; page 20 : © Labat/Rouquette/Arioko ; page 22 : © coll. iStockphoto/Thinkstock ; page 23 : © coll. iStockphoto/Thinkstock ; page 24 : © coll. iStockphoto/Thinkstock ; page 25 : © Biosphoto/Juniors ; page 26 : © coll. iStockphoto/Thinkstock ; page 27 : © Labat/Rouquette/Arioko ; page 28 : © coll. iStockphoto/Thinkstock ; page 30 : © coll. Hemera/Thinkstock ; page 31 : © coll. iStockphoto/Thinkstock ; page 32 : © J.-L. Klein et M.-L. Hubert ; page 33 : © Labat/Rouquette/Arioko ; page 34 : © coll. iStockphoto/Thinkstock ; page 35 : © coll. Hemera/Thinkstock ; page 36 : © Damman/Arioko ; page 38 : © J.-L. Klein et M.-L. Hubert ; page 39 : © J.-L.Klein et M.-L. Hubert ; page 40 : © coll. iStockphoto/Thinkstock (g), © Rocher/Arioko (d) ; page 41 : © coll. iStockphoto/Thinkstock ; page 42 : © Labat/Rouquette/Arioko ; page 43 : © Watier/Arioko ; page 45 : © Philippe Rocher ; page 46 : © Lanceau/Arioko ; page 47 : © Damman/Arioko ; page 48 : © coll. iStockphoto/Thinkstock ; page 49 : © coll. iStockphoto/Thinkstock ; page 50 : © coll. Hemera/Thinkstock ; page 51 : © coll. iStockphoto/Thinkstock ; page 53 : © coll. Photodisc/Thinkstock ; page 54 : © Labat/Rouquette/Arioko ; page 55 : © coll. Hemera/Thinkstock ; page 56 : © coll. iStockphoto/Thinkstock ; page 57 : © coll. Hemera/Thinkstock ; page 58 : © coll. FogStock/Thinkstock ; page 59 : © coll. iStockphoto/Thinkstock ; page 60 : © J.-L. Klein et M.-L. Hubert ; page 63 : © coll. iStockphoto/Thinkstock ; page 64 : © J.-L. Klein et M.-L. Hubert ; page 65 : © coll. iStockphoto/Thinkstock ; page 66 : © coll. iStockphoto/Thinkstock ; page 67 : © coll. iStockphoto/Thinkstock ; page 68 : © coll. Hemera/Thinkstock ; pages 70-71 : © J.-L. Klein et M.-L. Hubert ; page 73 : © Labat/Rouquette/Arioko ; page 74 : © J.-L. Klein et M.-L. Hubert ; page 75 : © coll. Hemera/Thinkstock ; page 76 : © coll. iStockphoto/Thinkstock ; page 77 : © J.-L. Klein et M.-L. Hubert ; page 78 : © coll. Hemera/Thinkstock ; page 79 : © Watier/Arioko ; page 80 : © coll. Hemera/Thinkstock ; page 81 : © J.-L. Klein et M.-L. Hubert ; page 82 : © J.-L. Klein et M.-L. Hubert ; page 83 : © J.-L. Klein et M.-L. Hubert ; page 84 : © J.-L. Klein et M.-L. Hubert ; page 85 : © J.-L. Klein et M.-L. Hubert ; page 86 : © J.-L. Klein et M.-L. Hubert ; page 88 : © coll. iStockphoto/Thinkstock (g), © coll. Hemera/Thinkstock (d) ; page 89 : © J.-L. Klein et M.-L. Hubert ; page 90 : © coll. Hemera/Thinkstock ; page 91 : © J.-L. Klein et M.-L. Hubert ; page 92 : © Dufresne/Arioko ; page 93 : © coll. Hemera/Thinkstock ; page 94 : © Dufresne/Arioko ; page 95 : © Biosphoto/Carola Schubbel/Imagebroker ; page 96 : © J.-L. Klein et M.-L. Hubert ; page 97 : © J.-L. Klein et M.-L. Hubert ; page 98 : © coll. Hemera/Thinkstock ; page 99 : © Biosphoto/Akira Matoba/Oasis ; page 100 : © J.-L. Klein et M.-L. Hubert ; page 102 : © J.-L. Klein et M.-L. Hubert ; page 103 : © J.-L. Klein et M.-L. Hubert ; page 104 : © J.-L. Klein et M.-L. Hubert ; page 105 : © J.-L. Klein et M.-L. Hubert ; page 106 : © Biosphoto/Lydie Gigerichova/Imagebroker ; page 107 : © Biosphoto/Cédric Girard ; page 108 : © Biosphoto/Bruno Mathieu ; page 109 : © Biosphoto/Bruno Mathieu ; page 110 : © Dufresne/Arioko ; page 111 : © coll. Hemera/Thinkstock ; page 112 : © J.-L. Klein et M.-L. Hubert ; page 113 : © J.-L. Klein et M.-L. Hubert ; page 114 : ©Labat/Rouquette/Arioko ; page 116 : ©Labat/Rouquette/Arioko (g et d) ;

PAGE 117 : © J.-L. Klein et M.-L. Hubert ; PAGE 118 : © Dufresne/Arioko ; PAGE 119 : © coll. iStockphoto/Thinkstock ; PAGE 120 : © J.-L. Klein et M.-L. Hubert ; PAGE 121 : © J.-L. Klein et M.-L. Hubert ; PAGE 122 : © coll. iStockphoto/Thinkstock ; PAGE 123 : © J.-L. Klein et M.-L. Hubert ; PAGE 124 : © J.-L. Klein et M.-L. Hubert ; PAGE 125 : © coll. iStockphoto/Thinkstock ; PAGE 126 : © Dufresne/Arioko ; PAGE 127 : © J.-L. Klein et M.-L. Hubert ; PAGE 128 : © Watier/Arioko ; PAGE 129 : © Dufresne/Arioko ; PAGE 130 : © coll. iStockphoto/Thinkstock ; PAGE 131 : © coll. iStockphoto/Thinkstock ; PAGE 132 : © J.-L. Klein et M.-L. Hubert ; PAGE 134 : ©Labat/Rouquette/Arioko ; PAGE 135 : ©Labat/Rouquette/Arioko (g et d) ; PAGE 136 : ©Labat/Rouquette/Arioko ; PAGE 137 : © J.-L. Klein et M.-L. Hubert ; PAGE 138 : © Biosphoto/Judith Thomandl/Imagebroker ; PAGE 139 : © Biosphoto/Damien Falco ; PAGE 140 : © coll. Hemera/Thinkstock ; PAGE 141 : © Lemoine/Arioko ; PAGE 142 : © Labat/Rouquette/Arioko ; PAGE 143 : ©Labat/Rouquette/Arioko ; PAGE 144 : © J.-L. Klein et M.-L. Hubert ; PAGE 145 : © coll. iStockphoto/Thinkstock ; PAGE 146 : © J.-L. Klein et M.-L. Hubert ; PAGE 147 : © J.-L. Klein et M.-L. Hubert ; PAGE 148 : © J.-L. Klein et M.-L. Hubert ; PAGE 150 : © Watier/Arioko ; PAGE 151 : © J.-L. Klein et M.-L. Hubert ; PAGE 152 : ©Labat/Rouquette/Arioko ; PAGE 153 : ©Labat/Rouquette/Arioko (g et d) ; PAGE 154 : © coll. iStockphoto/Thinkstock ; PAGE 155 : © coll. iStockphoto/Thinkstock ; PAGE 156 : © Labat/Rouquette/Arioko ; PAGE 157 : © J.-L. Klein et M.-L. Hubert ; PAGE 158 : © J.-L. Klein et M.-L. Hubert ; PAGE 159 : © J.-L. Klein et M.-L. Hubert ; PAGE 160 : © J.-L. Klein et M.-L. Hubert ; PAGE 161 : © J.-L. Klein et M.-L. Hubert ; PAGE 162 : © J.-L. Klein et M.-L. Hubert ; PAGE 163 : © J.-L. Klein et M.-L. Hubert ; PAGE 165 : © J.-L. Klein et M.-L. Hubert ; PAGES 166-167 : © J.-L. Klein et M.-L. Hubert ; PAGE 169 : © Heuze/Arioko ; PAGE 170 : © J²Graph/Jérôme Gensollen ; PAGE 171 : © coll. iStockphoto/Thinkstock ; PAGE 172 : © coll. iStockphoto/Thinkstock ; PAGE 173 : © coll. iStockphoto/Thinkstock ; PAGES 174-175 : © coll. iStockphoto/Thinkstock ; PAGE 176 : © Biosphoto/David Hosking/FLPA ; PAGE 177 : © Biosphoto/Heinz Kuehbauch/Imagebroker ; PAGE 178 : © Damman/Arioko ; PAGE 179 : © coll. iStockphoto/Thinkstock ; PAGE 180 : © coll. Hemera/Thinkstock ; PAGE 181 : © coll. iStockphoto/Thinkstock ; PAGE 183 : © J.-L. Klein et M.-L. Hubert ; PAGE 184 : © Lemoine/Arioko ; PAGE 185 : © coll. iStockphoto/Thinkstock ; PAGE 186 : © coll. iStockphoto/Thinkstock ; PAGE 187 : © coll. iStockphoto/Thinkstock ; PAGE 188 : © coll. iStockphoto/Thinkstock ; PAGE 189 : © coll. iStockphoto/Thinkstock ; PAGE 190 : © Damman/Arioko ; PAGE 191 : © coll. iStockphoto/Thinkstock ; PAGE 192 : © coll. Hemera/Thinkstock ; PAGE 193 : © coll. iStockphoto/Thinkstock ; PAGE 194 : © coll. Hemera/Thinkstock ; PAGE 196 : © coll. iStockphoto/Thinkstock ; PAGE 197 : © coll. Zoonar/Thinkstock ; PAGE 198 : © J.-L. Klein et M.-L. Hubert ; PAGE 199 : © Watier/Arioko ; PAGE 200 : © coll. iStockphoto/Thinkstock ; PAGE 201 : © coll. iStockphoto/Thinkstock ; PAGE 202 : © J.-L. Klein et M.-L. Hubert ; PAGE 203 : © Lemoine/Arioko ; PAGE 204 : © coll. Hemera/Thinkstock ; PAGE 205 : © J²Graph/Jérôme Gensollen ; PAGE 206 : © coll. iStockphoto/Thinkstock ; PAGE 207 : © J.-L. Klein et M.-L. Hubert ; PAGE 209 : © Damman/Arioko ; PAGE 210 : © coll. iStockphoto/Thinkstock ; PAGE 211 : © coll. iStockphoto/Thinkstock ; PAGES 212-213 : © J.-L. Klein et M.-L. Hubert PAGE 214 : © J.-L. Klein et M.-L. Hubert ; PAGE 215 : © J.-L. Klein et M.-L. Hubert ; PAGE 216 : © coll. Hemera/Thinkstock ; PAGE 217 : © coll. iStockphoto/Thinkstock ; PAGE 218 : © J.-L. Klein et M.-L. Hubert ; PAGE 220 : © Dufresne/Arioko ; PAGE 221 : © J.-L. Klein et M.-L. Hubert ; PAGE 222 : © coll. iStockphoto/Thinkstock ; PAGE 223 : © coll. iStockphoto/Thinkstock ; PAGE 224 : © J.-L. Klein et M.-L. Hubert ; PAGE 225 : © J.-L. Klein et M.-L. Hubert ; PAGE 227 : © coll. Hemera/Thinkstock ; PAGE 228 : © Damman/Arioko ; PAGE 229 : © coll. Hemera/Thinkstock ; PAGE 230 : © coll. Hemera/Thinkstock ; PAGE 231 : © coll. iStockphoto/Thinkstock ; PAGE 232 : © coll. iStockphoto/Thinkstock ; PAGE 233 : © Philippe Rocher ; PAGE 234 : © J.-L. Klein et M.-L. Hubert ; PAGE 235 : © J.-L. Klein et M.-L. Hubert ; PAGE 236 : © J.-L. Klein et M.-L. Hubert.

Photogravure IGS, l'Isle d'Espagnac
Imprimé en Espagne par Graficas Estella, Estella
Dépôt légal : octobre 2012
309594/01-11019557 septembre 2012